Podría ser una roca

de Allan Fowler

Versión en español de Aída E. Marcuse

Asesores:

Dr. Robert L. Hillerich, Profesor Emérito de la Universidad Estatal de Bowling Green, Bowling Green, Ohio

Mary Nalbandian, Directora de Ciencias de las Escuelas Públicas de Chicago, Chicago, Illinois

Fay Robinson, Especialista en Desarrollo Infantil

CHILDRENS PRESS®

CHICAGO

Diseñado por Beth Herman Design Associates

Catalogado en la Biblioteca del Congreso bajo:

Fowler, Allan
    Podría ser una roca / de Allan Fowler.
      p. cm. –(Mis primeros libros de ciencia)
    Incluye índice.
    Resumen: Trata del tamaño, la forma, composición, origen y otros
aspectos de las distintas clases de rocas.
    ISBN 0-516-06010-4
    1. Rocas–Literatura juvenil. [1. Rocas.] I. Título.
  II. Series: Fowler, Allan. Mis primeros libros de ciencia.
QE432.2.F69 1993
552–dc20   92-39260
                                       CIP
                                       AC

Una roca puede ser de cualquier tamaño, y aún así, ser una roca.

Podría ser un grano de
arena, un pequeño guijarro,
una piedrita o un peñasco.

Podría ser del tamaño de una montaña, como el Peñón de Gibraltar.

O podría ser del tamaño
de la tierra – porque la
tierra está hecha de rocas –.

Y la luna también.

Esta roca es un pedazo de
luna; la trajeron consigo
los astronautas.

El granito y el mármol son piedras muy duras; por eso, muchos grandes edificios fueron construídos con ellas.

Pero las canicas con que
juegas no son de mármol:
en su mayoría son de vidrio.

Las rocas pueden ser líquidas y estar al rojo vivo, y aún serán rocas.

La lava está hecha de rocas derretidas que fluyen de un volcán.

Hay una roca a la que
puedes prenderle fuego.
La gente solía usarla para
cocinar sus alimentos y
calentar las casas.

Tú la conoces —
¡es el carbón!

14

¿Pero sabías que todo el carbón que hay en el mundo proviene de plantas?

Esas rocas primero fueron árboles, pero hoy ya no lo son. Decimos que esos árboles se han petrificado.

17

Sí, los seres vivientes
pueden convertirse en rocas.

Pero tardan mucho tiempo en
lograrlo – millones de años –.

Los restos de animales o plantas que encontramos en las rocas se llaman fósiles.

Nos muestran cómo eran
esos seres vivientes, aunque
hayan vivido hace millones
de años.

¿Cómo entraron en las rocas esos animales o plantas?

Al morir, sus cuerpos fueron cubiertos de barro, arcilla u otros materiales.

Con el tiempo, las capas de
material que rodeaban a la planta
o el animal se endurecieron hasta
volverse rocas.

Algunas, como estas piedras calizas, se formaron en el fondo del mar.

En otros tiempos, los mares
cubrían muchos lugares que
hoy son tierra firme.

25

Con el tiempo, todo cambia.

El viento y el agua desgastan las rocas lentamente – muy lentamente – y las hacen cambiar de forma.

Así que, aunque algo
tenga forma de puente,
o de mesa – aún podría
ser una roca –.

Hasta puede tener un pez
adentro – ¡y seguir siendo
una roca!

Palabras que conoces

rocas

guijarros

piedras

peñasco

la tierra

la luna

piedra caliza

granito

mármol

Peñón de Gibraltar

carbón

lava

petrificado

fósil

Índice alfabético

Acerca del autor

Allan Fowler es un escritor independiente, graduado en publicidad. Nació en New York, vive en Chicago y le encanta viajar.

Fotografías